LIGUE SAINT-MARTIN

CONFÉRENCE DU 11 NOVEMBRE

SUR

LES QUESTIONS OUVRIÈRES

PAR

M. THELLIER DE PONCHEVILLE

ARRAS

IMPRIMERIE DE LA SOCIÉTÉ DU PAS-DE-CALAIS

P.-M. LAROCHE, DIRECTEUR

Rue d'Amiens, 41 & 43.

1883

LIGUE SAINT-MARTIN

LE 11 NOVEMBRE 1883

La Messe.

La ligue Saint-Martin a fêté, le diman-
che 11 novembre, l'anniversaire de sa nais-
sance par une messe solennelle, à laquelle
assistait un grand nombre de personnes, dé-
sireuses pour la plupart de donner un té-
moignage de sympathie à une œuvre de
bon combat et de prier Dieu de bénir les
efforts de ceux qui l'ont entreprise.

M. J. Van Eckhoven a chanté d'une voix
magistrale, en artiste consommé, un *Ave
Maria* et un *Ave verum*. M. Duhaupas,
maître de chapelle de la Cathédrale, tenait
l'orgue et puisait dans son inspiration, toujours heureuse, des harmonies suaves, de
véritables prières.

La Conférence.

L'après-midi, à 4 h. 1[2, la salle de la rue des Louez-Dieu ouvrait ses portes au public sans distinction. Pénétrait qui voulait. Des dames, des jeunes filles mêmes sont entrées bravement. Il y avait aussi des ré publicains et non des moins notoires.

A cinq heures moins le quart, la salle était remplie; on peut évaluer, sans aucune exagération, le nombre des auditeurs à cinq cents.

Avant l'ouverture de la séance, M. le baron de Warenghien, président, avait reçu la carte d'une personne inconnue à Arras, qui demandait la parole.

La contradiction avait été sollicitée, elle ne se faisait pas attendre.

A cinq heures moins un quart, le bureau, composé de MM. de Warenghien, président; le colonel Milliroux, Albéric de Galametz, le vicomte de Bizemont et Étienne de Resnes, assesseurs, et le conférencier, M. Thellier de Poncheville, prenaient place sur l'estrade.

M. de Warenghien prononçait l'allocution suivante, interrompue par de très fréquentes marques d'approbation et de vigoureux applaudissements.

Discours
de M. de Warenghien.

« Avant de déclarer la réunion ouverte j'ai un devoir à remplir : je remercie la ligue Saint-Martin de l'honneur qu'elle m'a fait en m'appelant à présider cette conférence.

« J'ai été heureux de revenir dans le beau département du Pas-de-Calais où j'ai été magistrat, et de venir y renouer des liens qui me resteront toujours chers, malgré l'absence et le temps écoulé.

« Il y avait une deuxième raison pour me décider : c'est que ici, dans cette salle de la rue des Louez-Dieu, nous sommes chez des expulsés et que, vous le savez, chez des expulsés, un magistrat démissionnaire est un peu chez lui.

(Un assistant proteste contre le magistrat insulteur de la République qui le paie, et demande la parole.—Applaudissements très nourris dans diverses parties de la salle.)

« Le président lui répond : Je m'engage à vous donner la parole, à votre tour, et nous verrons si à la tribune vous serez aussi prompt à parler sur la question ouvrière qu'à m'interrompre.

« Oui, j'étais heureux d'accepter l'hospitalité que m'offrait la ligue Saint-Martin dans cette chapelle d'où les décrets ont chassé les Pères du Saint-Sacrement que la Ligue est venue remplacer.

« Il y a un an, jour pour jour, que la ligue Saint Martin s'est fondée. Voici dans quelles circonstances :

« Il y a un an, le bruit se répandait à Arras, qu'un pasteur protestant et socialiste venait faire une conférence dans la commune de Méricourt.

« Sans hésiter, cinq de vos concitoyens se mirent en route pour lui donner la réplique. Par malheur, le conférencier apprit que des contradicteurs lui étaient arrivés d'Arras, et il s'éclipsa sans prononcer son discours.

« Le combat n'eut pas lieu faute de combattants.

« De retour à Arras, vos cinq concitoyens dont je n'ai pas besoin de citer les noms, car ils sont sur toutes les lèvres, formaient le projet d'une association destinée à combattre les théories anarchistes partout où elles pourraient se produire. Elle avait aussi un but plus élevé, c'est de se consacrer à l'étude de la grande question ouvrière, la plus grande question du siècle.

« C'est donc à cinq Artésiens qu'est due

cette courageuse initiative qui trouvera des imitateurs dans les villes et les départements qui vous entourent.

« Honneur à cette œuvre, à laquelle ils ont donné un nom qui oblige : celui de l'apôtre-soldat saint Martin, parce que son premier acte, la mise en fuite du pasteur protestant, avait eu lieu le jour de la Saint-Martin.

« Dans l'année qui vient de s'écouler, votre Ligue a donné trois conférences :

« La première, sur les congrès socialistes, par l'orateur que vous avez applaudi, que vous applaudirez encore aujourd'hui : M. Thellier de Poncheville. Vous vous rappelez encore le courage avec lequel il vous a montré les congrès socialistes recrutant leurs légions et se préparant à les lancer à l'assaut de la société française.

« La seconde, par M. Grousseau, l'éminent professeur de la Faculté catholique de Lille. Il a traité de l'impôt et de la propriété, et vous savez avec quelle logique irrésistible il vous a montré le déficit dévorant nos finances et conduisant le pays à la banqueroute. Neuf mois se sont écoulés depuis cette conférence, et le déficit est là, officiellement avoué, creusant chaque jour le gouffre dans lequel s'engloutira peut-être la fortune de la France.

« La troisième conférence est celle de M. de la Gorce, mon ancien collègue de Saint-Omer, à qui je suis lié par la solidarité d'une démission commune. Il vous a parlé des intérêts populaires en 1848 et en 1883, et vous vous rappelez avec quelle verve et quel esprit impitoyables il vous a montré ce que ces intérêts devenaient en temps de République.

« Mais la ligue Saint-Martin a fait davantage. Elle ne s'est pas contentée de conférences : elle a été au-devant de ses adversaires. Ce n'est pas la moitié du chemin, c'est le chemin tout entier qu'elle leur a épargné.

« Au mois de mai dernier, cinq membres de la Ligue se rendaient à Hersin-Coupigny pour y combattre le journal *le Forçat*, et le gérant de ce journal, le sieur Carette, qui y était venu pour y fonder une section de la Chambre syndicale de Lens. Grâce à l'énergie de vos délégués, l'assemblée vota, à une énorme majorité, que la question sociale devait être résolue par le concours de l'ouvrier et du patron.

« Le 21 octobre 1883, la Ligue se signalait par un nouvel acte d'énergie. Deux députés radicaux, le citoyen comte de Douville-Maillefeu et M. Tony Révillon, donnaient une conférence à Abbeville, pour persuader aux Abbevillois qu'il y avait une extrême urgence à élever une statue au chevalier de La Barre exécuté, il y a un siècle, pour sacrilège. Autrefois, on n'élevait des statues qu'à nos généraux vainqueurs de l'ennemi ; aujourd'hui, on les demande pour des sacrilèges, car c'est là ce que l'on estime à l'égal des victoires.

« Bien qu'ils fussent quatre contre quatre cents, ils ont su imposer le respect de leur courage, et, grâce à Dieu, ce n'est pas dans le bronze que sera coulée la statue de La Barre. A l'heure actuelle, elle est définitivement coulée dans l'esprit des Abbevillois eux-mêmes, ce qui vaut infiniment mieux.

« Et aujourd'hui la ligue Saint-Martin se manifeste par un dernier acte. Jadis, au temps de la chevalerie française, dans les tournois de cette brillante époque, venait un chevalier qui, la visière levée, le visage découvert, jetait son gantelet dans l'arène, s'engageant à combattre quiconque viendrait le relever.

« Eh bien ! aujourd'hui, en plein dix-neuvième siècle, c'est un tournoi d'un autre genre, un tournoi oratoire qui va avoir lieu devant vous.

« La ligue Saint-Martin a son champion. Elle ne peut pas en souhaiter de plus éloquent et de plus vaillant. C'est M. Thellier de Poncheville, l'orateur que vous avez salué l'an dernier de vos applaudissements.

« Eh bien ! c'est de la question ouvrière qu'il vient vous parler, et c'est sur ce terrain qu'il vient offrir courtoisement le combat à quiconque voudra l'accepter. Je ne veux pas différer plus longtemps votre attente, et je donne la parole à M. Thellier de Poncheville sur la question ouvrière. Je donnerai la parole à qui me la demandera pour la réplique. »

Incident.

L'interrupteur dont nous avons parlé plus haut veut, à toute force, obtenir la parole sur-le-champ. Il ne laissera pas insulter par M. le magistrat la République qui le paie. (Bravos sur quelques rangs au fond de la salle. — Rumeur prolongée.)

La séance sera mouvementée et, dès maintenant, il est facile de percer à jour la tactique des républicains, assez nombreux dans la salle. Ils chercheront à entraver la conférence par des incidents, si c'est possible. Mais l'attitude d'une bonne partie de l'assistance prouve à l'interrupteur que, s'il a une escouade décidée à le soutenir, il a devant lui une imposante majorité d'hommes sérieux, pour désapprouver son intervention prématurée.

M. Thellier de Poncheville a la parole.

———

CONFÉRENCE

DE

M. Thellier de Poncheville.

Messieurs,

Les questions que nous venons aborder aujourd'hui devant vous sont de graves et terribles questions. Elles touchent aux intérêts vitaux du pays. Nous n'avons ni le temps ni la prétention de les épuiser ici dans une seule conférence. Mais il est bon de les aborder dans cette assemblée composée d'hommes honnêtes et intelligents, comme vous l'êtes tous ici, j'en suis convaincu. (Très bien !)

Tout le monde parle des questions ouvrières : les uns pour allumer la guerre ; les autres pour s'en faire une arme de gouvernement ; d'autres, enfin, animés d'un sincère amour pour les classes déshéritées et d'un désir ardent d'aider à la paix sociale, afin de trouver la satisfaction des plus légitimes intérêts.

Les catholiques considèrent que c'est un devoir pour eux d'étudier les questions ouvrières, que c'est un devoir de conscience de faire appel à tous les hommes de bonne volonté pour chercher les solutions qu'elles comportent et de dire tout haut ce qu'ils pensent sans flatter personne.

Parce que des charlatans ont exploité ces questions, parce que des malintentionnés, des malfaiteurs les ont envenimées et les ont transformées en arme de guerre, est-ce une raison suffisante pour les nier et les supprimer? Ce n'est pas en se cachant la tête dans le sable, comme l'autruche, que l'on échappe au péril, c'est en le regardant en face pour le combattre et le vaincre.

Assurément, nous n'avons pas la prétention de vous apporter une panacée universelle, de ramener l'humanité à l'âge d'or, si tant est que l'âge d'or ait jamais existé, et de supprimer la misère. Mais nous prétendons qu'il y a quelque chose à faire et de sérieux efforts à tenter. La pensée de l'orateur n'est pas de faire de la politique. Il ne l'abordera que dans la mesure du nécessaire.

Un homme considérable a dit : « Il n'y a pas de question sociale. » On lui a bien souvent reproché ce non-sens sonore : c'était M. Gambetta. Un autre homme d'État, M. Gladstone, a dit, au contraire : « Ce siècle est le siècle des ouvriers. » Et personne aujourd'hui ne protestera, si je prononce le nom de cette grande personnalité, M. le comte de Chambord, qui disait : « La question ouvrière est la question capitale de notre temps. »

Pourquoi ? N'y a-t-il pas eu de questions ouvrières en d'autres temps. Si, Messieurs, il y en a eu, il y en aura toujours. En tout temps il y a eu et il y aura des ouvriers, des travailleurs de toutes sortes. Dans ce grand atelier humain, il y aura toujours des fonctions diverses, toujours des misères, toujours des inégalités. Mais le malaise ouvrier ne s'est pas manifesté dans les siècles passés avec la même intensité. Et notre temps a ceci de spécial:

1º Le développement exagéré du prolétariat, c'est-à-dire l'état social de l'homme ne possédant pas, en échange de son travail, des moyens assurés d'existence. L'ouvrier

vit au jour le jour, à la merci des chôma-
ges, des accidents, de la maladie, de la
vieillesse. Il est nomade et sans foyer.

2° L'antagonisme entre les classes.

L'ouvrier aux siècles passés. Jugement de Louis Blanc.

Dans les siècles précédents, il y avait plus
de stabilité dans les engagements entre patrons et ouvriers, plus de facilité pour l'ar-
tisan de s'élever dans la hiérarchie professionnelle ; il était attaché au foyer, à la
cité. Il faisait partie de la famille professionnelle, qui elle-même jouait un rôle dans
la commune. Il côtoyait son patron dans
les assemblées syndicales et dans les con-
seils. Les patrons et les ouvriers élisaient
leurs syndics en commun. Voici, du reste,
comment Louis Blanc dépeignait la stabilité dans le monde du travail autrefois :

« Alors, l'Eglise était le centre de tout.
« Autour d'elle, à son ombre, s'asseyait
« l'enfance des industries. Elle marquait
« l'heure du travail, elle donnait le signal
« du repos. Quand la cloche de Notre-Dame
« ou de Saint-Merry avait sonné l'Angelus,
« les métiers cessaient de battre, l'ouvrage
« était suspendu, et la cité, de bonne

« heure endormie, attendait le lendemain
« que le timbre de l'abbaye prochaine an-
« nonçât le commencement des travaux du
« jour. Sans doute, on ne connaissait pas
« cette ardeur fébrile qui enfante quelque-
« fois des prodiges, et l'industrie n'avait
« point cet éclat, cette puissance qui au-
« jourd'hui éblouissent ; *mais du moins la*
« *vie du travailleur n'était point troublée*
« *par d'amères jalousies, par le besoin de*
« *haïr son semblable, par l'impitoyable*
« *désir de le ruiner en le dépassant.* »

C'était l'enfance de l'industrie. Aujour-
d'hui les conditions du travail sont tout autres. Nous assistons au développement gi-
gantesque des moyens de production et de
la consommation. Une lutte ardente s'est
engagée contre la concurrence du dedans et
la concurrence étrangère ; lutte dans laquelle ont été sacrifiées les lois de la moralité publique.

Mais ce n'est pas dans cette transforma-
tion, dans les faits d'ordre matériel que ré-
side la véritable cause du malaise ouvrier.
Elle est dans le changement des doctrines et
des institutions,

D'une part, à la loi du dévouement a suc-
cédé la loi d'égoïsme.

D'autre part, une erreur économique et
législative considérable a brisé brusque-

ment, au lieu de les approprier aux besoins des temps nouveaux, tous les liens qui unissaient les patrons et les ouvriers.

Elle est dans l'affaiblissement de l'idée chrétienne chez les patrons d'abord et chez les ouvriers ensuite. Si l'idée de Dieu, si l'idée chrétienne ne brillent pas au seuil du monde du travail, la paix et le bonheur ne peuvent pas y régner.

Sans Dieu, auteur du devoir, pas de notion sérieuse ni de pratique du devoir; sans le Christ, pas de charité, pas de fraternité vraie, pas de raison de se dévouer aux autres et de sortir de son égoïsme.

C'est l'intérêt qui dirigera toutes les relations. Dans l'atelier, le maître n'aura en vue que son intérêt, son gain; il n'a pas à se préoccuper du bien-être moral et matériel de l'ouvrier, de l'ouvrière et de l'enfant qu'il emploie.

Une fausse économie politique est venue lui dire d'ailleurs que le travail n'est qu'une marchandise, il cherchera à se la procurer au meilleur marché possible, sans souci de l'être humain dans ce travail de la vie, sans souci des lois religieuses et morales que ce travail pourra transgresser; il s'agit de lutter, de lutter à tout prix contre des concurrents qui ont les mêmes principes et la même absence de scrupule.

Laissez faire, laissez passer, tous les moyens sont bons.

Je charge le tableau, j'exagère le mal, mais je dis que ce mal dont le monde industriel souffre, contre lequel il cherche à réagir, il a existé, et que les fausses doctrines que je dénonce, elles ont produit une partie de leurs conséquences; et que si elles ne les ont pas produites toutes, c'est que les hommes sont souvent meilleurs que leurs principes.

Et du côté de l'ouvrier, s'il ne croit plus à rien, il ne cherchera qu'à gagner le plus possible en travaillant le moins possible, sans se soucier de la ruine ou de la prospérité du patron.

Il aggravera son sort par la perte de ces vertus morales de sacrifice, de prévoyance, d'épargne, par lesquelles il peut l'adoucir et l'élever.

Enfin il s'exagérera sa misère par la jalousie, la haine. Ne croyant plus à rien au-delà de cette vie, il viendra arracher à son voisin son bonheur et son bien-être.

Et en même temps que triomphaient ces doctrines funestes, triomphaient aussi des préjugés qui condamnaient ouvriers et patrons à l'isolement, creusaient davantage l'abîme, en détruisant l'association professionnelle, où ils pouvaient se rencontrer et s'entendre, et en les défendant pour l'avenir. C'est le système qui a prévalu dans cette loi de 1791, et ce décret du 14 juin interdisant aux citoyens de se réunir, de prendre des arrêtés et délibérations sur leurs *prétendus* intérêts communs.

L'œuvre révolutionnaire jugée par Proudhon.

Proudhon jugeait ainsi cette œuvre législative :

« Avant 1789, l'ouvrier existait dans la
« corporation et dans la maîtrise, comme la
« femme, l'enfant et le domestique dans la
« famille. Alors, en effet, il aurait répugné
« d'admettre une classe de travailleurs en
« face d'une classe d'entrepreneurs, puisque
« celle-ci était censée contenir celle-là...
« Nier aujourd'hui cette distinction des
« classes, ce serait faire plus que nier la
« raison qui l'amena et qui ne fut qu'UNE
« GRANDE INIQUITÉ ! »

Ce fut un grand malheur que cette division obligatoire créée par la loi entre les ouvriers et les patrons. L'antagonisme s'est traduit dans les faits par des explosions violentes, comme celles de Montceau-les-Mines et d'ailleurs. Mais n'exagérons rien ;

ce que nous voulons constater, c'est cette animosité sourde qui se manifeste par des grèves, où le patron affame l'ouvrier et l'ouvrier ruine le patron. C'est cette mauvaise volonté qui diminue et paralyse les effets utiles de la production, au moment où, plus que jamais, il faudrait serrer les rangs, grouper énergiquement nos forces pour lutter contre l'ennemi commun, sur le nouveau champ de bataille où il s'efforce de nous écraser. (Applaudissements dans toute la salle).

En face des partisans du laisser-passer, il y a des hommes qui disent qu'il y a quelque chose à faire : ce sont les révolutionnaires politiques et les révolutionnaires socialistes.

Les uns subordonnent la question sociale à la politique ; les autres, la politique à la question sociale.

Les révolutionnaires politiques.

Les premiers s'occupent beaucoup du peuple, le peuple bon enfant dont les robustes épaules et le bulletin de vote serviront à leur faire la courte échelle. Ceux qui sont en bas lui font des promesses magnifiques, excitent ses passions. Le peuple les fait arriver et, quelquefois, va en prison pour eux. Ils sont élus !

Oh ! alors, il n'y a plus de question sociale ; ou plutôt la question sociale, c'est celle des belles places, des gros appointements, des coups de bourse, des affaires plantureuses. Celle-là est toujours vivante. (Rires et applaudissements.)

Ces hommes, à certaines époques, mettent encore les questions ouvrières à l'ordre du jour. Cette fois, disent-ils, c'est la bonne !

Le ministre de l'intérieur est venu récemment dans notre région. Il allait trancher la question sociale. Vous avez lu son discours, ce fut une immense déception. Il a vidé son verre de champagne, et il est reparti pour Paris, sans dire comment il satisferait les besoins de ceux qui n'ont que le travail en perspective.

Les révolutionnaires politiques ressemblent à ces chœurs de l'opéra qui chantent : Marchons, marchons, mais ne marchent jamais et rentrent dans la coulisse. Le ministre est rentré dans la coulisse. (Rire général et applaudissements répétés.)

Ces révolutionnaires ont enlevé aux ouvriers leurs dernières croyances. Il n'y a plus pour ceux-ci de bonheur dans ce monde et il n'y en a pas dans l'autre. Je demande si cela suffit.

Les socialistes.

Enfin il y a les socialistes. Pour ceux-là la question sociale prime la politique. Ils disent que tout va mal, et que tout va changer, que tout est à recommencer. Ils vont refaire un monde tout neuf; tout sera à tout le monde et rien à personne. Chacun travaillera pour soi. Personne n'obéira ; tout le monde commandera. Le paresseux aura la même paie que l'homme de courage. Le monde deviendra meilleur, ce sera un eldorado.

L'orateur cite le système de Fourrier, d'après lequel tout le monde travaillera, parce que chacun fera ce qui lui conviendra.

Tel qui aime les choux, aimera à planter des choux. Mais si tout le monde aime à planter des choux, qui fabriquera la marmite pour les cuire, les instruments aratoires pour les cultiver ? Vous voyez, Messieurs, quels problèmes surgissent à l'instant.

Le fond de tous les systèmes socialistes, c'est la destruction de la propriété individuelle. Tout à tous, rien à personne. Si j'ai travaillé plus que mon voisin, je n'ai pas plus de droit que lui à la marmite universelle.

Tout le monde a le même droit sur la collectivité, a droit aux mêmes choses, tout le monde a droit de choisir son travail. Si personne ne veut faire le pain, personne ne sera forcé. Si personne ne veut faire sa culotte, vous me direz qu'à la rigueur on pourrait s'en passer... (Protestations du côté de l'interrupteur, qui est, dit-on, de la partie.) Bref, on sera exposé à mourir de faim, et c'est ainsi que s'est terminée, par la misère, la banqueroute, la mise en application des systèmes socialistes.

"Le peuple s'est déjà laissé griser par de grands mots. Il en est venu à l'expérience, à la Commune. Il a tiré et reçu des coups de fusil du haut des barricades. Et ceux qui l'ont lancé en avant ont très bien su se réfugier dans quelque Saint-Sébastien. Vous pouviez les chercher parmi les morts, vous étiez bien sûr de ne pas les rencontrer. Puis ils reparaissent après la tourmente, bien rentés, en qualité de secrétaires de Chambres syndicales, par exemple, et mettant à un moment donné la frontière entre la caisse et les ouvriers syndiqués.

En définitive, le socialisme est un eldorado où tout le monde peut entrer en payant, mais on ne rend pas toujours l'argent à la sortie.

Les catholiques et la question sociale.

Laissons donc les révolutionnaires de toutes couleurs. L'ouvrier a d'autres amis ; et c'est ailleurs qu'il faut chercher des remèdes et des adoucissements. Puisqu'il a été victime des fausses doctrines et des erreurs dans les institutions, il faut recourir à des doctrines et à des institutions opposées. Il faut s'inspirer de la doctrine et de l'exemple du Christ. — (Vifs applaudissements dans l'auditoire.)

Vous allez dire que je suis clérical. Oui, Messieurs, je le suis, et je ne craindrai pas, malgré l'interrupteur de tout à l'heure, de me présenter à vous en cette qualité. Peut-être quelqu'un me dira-t-il que je suis moi-même un révolutionnaire, un socialiste ; en tout cas je suis un clérical. Mais qu'importe cela ? On ne m'empêchera pas de dire ce que je crois être la vérité.

Notre doctrine, c'est la doctrine du Christ, grand patron de l'ouvrier, grand patron du travail ; du Christ qui a voulu naître et mourir en ouvrier ; du Christ qui a dit que nous devons tous donner un travail utile à la société et manger notre pain à la sueur de notre front. Quelle dignité, il a rendue au travail et au plus modeste ouvrier manuel en voulant être ouvrier lui-même ; ne nous enseigne-t-il pas d'ailleurs que si l'homme travaille, c'est pour accomplir la loi de Dieu, que tout homme, dans le labeur le plus infime, fait une œuvre grande et noble, puisqu'il collabore à la volonté de Dieu, en accomplissant ses destinées providentielles.

Voilà qui nous rélève, Messieurs, voilà qui permet à cet homme si chétif dans la société, dans la hiérarchie humaine, de se dire : Je ne me plains pas, je fais une grande chose, je fais la volonté de Dieu.

Le Christ nous apprend encore que nos peines, nos fatigues, nos souffrances, sont pour nous une source de mérites et de récompenses.

Il nous aide à les adoucir par ses vertus de tempérance, de chasteté, de prévoyance dont il nous fait une loi.

Enfin il nous dit à tous, il nous oblige tous, riches et pauvres, à croire que nous sommes tous frères, enfants d'un même père, appelés aux mêmes destinées.

D'où, pour l'inférieur, l'obligation d'avoir des sentiments de dévouement, d'attachement aux intérêts de son maître, qui rendent l'obéissance facile et joyeuse.

Et pour le supérieur, pour celui que la Providence a placé au-dessus de lui, pour tout homme qui possède capital, autorité, intelligence, savoir, le devoir d'aimer et d'aider ceux qui, sur cette terre, sont moins favorisés.

Voilà la doctrine du Christ, la doctrine que l'Eglise a toujours pratiquée.

Nous lisons dans l'Ecriture : « Que le serviteur âgé te soit cher comme la vie. Ne le prive pas de la liberté, ne le laisse pas dans l'indigence. » Vous rirez peut-être, Messieurs, et l'interrupteur auquel je m'adressais tout à l'heure haussera peut-être les épaules pour se donner une contenance, il n'en faut pas moins convenir que cette doctrine du Christ ouvre des horizons lumineux sur le monde du travail. Vous en avez vu l'application à travers l'histoire, car notre siècle a cette gloire d'avoir étudié l'histoire sérieusement et d'être remonté aux sources. Or, l'histoire nous dit que l'Eglise a toujours été, à travers les siècles, la meilleure amie des classes populaires. C'est elle qui a donné à l'ouvrier la dignité personnelle, la sécurité, l'honneur de son travail, en même temps qu'elle cherchait à lui assurer le pain de l'âme et le pain du corps.

L'Eglise et l'ouvrier.

Après l'avoir arraché à la honte de l'esclavage antique, elle a adouci, transformé, puis aboli le servage des nations barbares. Elle a amené peu à peu les classes laborieuses à ce groupement paternel dans la sécurité et dans la paix, dont parlait tout à l'heure Louis Blanc. Elle a, pour parer à ses misères, couvert l'Europe d'institutions de bienfaisance, de prévoyance, d'écoles, d'hospices, que l'Etat moderne n'a pu mieux faire que de copier, quand il ne les a pas cyniquement confisqués.

C'est la doctrine du Christ qui a fait surgir ces admirables dévouements, ces prêtres, ces sœurs, qui abandonnent tout pour se consacrer au soulagement des misères de l'humanité, petites sœurs des pauvres, sœurs de l'ouvrier, sœurs de la charité, qui recueillent l'enfant, l'abandonné, secourent le pauvre, le malade, consolent le moribond.

La libre-pensée peut les bafouer et les chasser, elle ne les imitera jamais.

Et sur la question spéciale du travail quelle est l'influence que dût exercer l'esprit chrétien ? Voici notre doctrine à nous catholiques : le patron n'est pas quitte envers l'ouvrier lorsqu'il lui paye son salaire au cours du jour.

Il lui doit quelque chose de plus.

Le travail n'est pas une marchandise.

Cela serait admissible, si tous les hommes étaient égaux , mais il n'en est pas ainsi ; celui qui engage son travail aliène sa liberté.

Il fait un acte d'où dépend son existence, et souvent celle de sa famille.

Celui à qui il se livre, doit exercer envers lui des devoirs de patronage et de protection.

Un grand penseur, que ses profondes recherches ont fait arriver du scepticisme au décalogue et du décalogue au catholicisme intégral, M. Le Play, disait : « A mesure que l'enchérissement du sol et le progrès des mœurs font tomber en désuétude le régime féodal et rendent aux diverses classes leur liberté d'action, celles-ci ne restent pas moins obligées qu'elles ne l'étaient dans le régime antérieur, de pratiquer les anciens rapports sociaux, sauf à en modifier les formes... »

M. Le Play proclame la nécessité d'une permanence de rapports maintenue par un ferme sentiment d'intérêt et de devoir reciproque. L'ouvrier est convaincu que le bien-être dont il jouit est lié à la prospérité du patron, et celui-ci, de son côté, se croit toujours tenu, de pourvoir, conformément

à la tradition locale, aux besoins matériels
et moraux de ses subordonnés.

Cette doctrine, les catholiques la proclament partout dans leurs assemblées, et les industriels catholiques de Tourcoing l'ont consacrée dès les premières lignes de leur déclaration, dont l'orateur donne lecture à l'assemblée.

La formule de cette déclaration a été adoptée au Congrès catholique de Lille. Elle sert de base à toutes les délibérations des assemblées catholiques sur les questions ouvrières.

Devoir du patron vis-à-vis de l'ouvrier.

Le patron a charge d'âmes ; il doit le respect à la conscience de l'ouvrier, le respect à sa femme et à son enfant, il doit la moralité à son atelier.

Il doit travailler enfin à l'élévation morale de l'ouvrier, sans aucune contrainte. J'insiste à dessein, Messieurs, sur ce dernier point.

Le patron a, en outre, charge d'existence, c'est-à-dire qu'il doit entourer l'ouvrier d'institutions d'assistance. Alors, vous voyez apparaître les crèches, les orphelinats, les économats, les sociétés de consommation, les maisons ouvrières, les caisses de retraite, d'assurances, toutes ces institutions, en un mot, qui le garantissent contre la vieillesse, les accidents, le chômage et les maladies. Et je suis heureux, Messieurs, de constater les progrès immenses faits dans cette voie, sous l'influence des idées chrétiennes.

Nous sommes heureux de voir les patrons chrétiens donner l'exemple, et nous leur disons : Vous faites bien, mais vous ne faites que votre devoir.

Devoir des ouvriers.

Mais d'autre part, nous disons aux ouvriers : Sachez reconnaître que vos vrais amis sont ceux qui remplissent ces devoirs envers vous. Ne les accueillez pas avec défiance, avec aigreur ; sachez être fraternellement reconnaissants. Et regardez comme des hommes dangereux, ceux qui vous disent que ceux qui vous font du bien sont vos ennemis.

Et chaque fois que de pareils propos sont tenus devant vous, haussez les épaules, tournez le dos à ceux qui vous les tiennent, ou forcez-les de le tourner eux-mêmes. Voilà donc cet esprit de dévouement, de fraternité, à substituer à l'esprit d'égoïsme.

Il y a quelque chose de plus à faire, les
doctrines ne suffisent pas, il faut des institutions en rapport avec elles.

Institutions économiques. — Syndicats mixtes.

Nous avons vu que l'une des causes du
malheur actuel, c'est l'isolement et la rup-
ture des anciens liens professionnels, la
suppression absolue des corporations, édic-
tée en 1791.

Il faut reformer ces liens de la famille in-
dustrielle. Il y a des intérêts communs entre
les patrons et les ouvriers d'une part, entre
les patrons du même métier ou de la même
industrie d'autre part.

C'est par l'union, par une certaine association des uns et des autres, que ces intérêts peuvent recevoir satisfaction et la paix
se rétablir. L'homme a besoin de s'appuyer
sur ses semblables, le besoin d'association
est inné chez lui. Aussi voit-on, depuis
longtemps, les associations supprimées
chercher à se reformer à côté des associations de secours, de prévoyance, des associations professionnelles, proprement di-
tes : syndicats de patrons, syndicats d'ouvriers. Mais, ce que nous leur reprochons,
c'est d'être constituées, non pour l'union,

mais pour la discorde, pour la haine ; c'es
de grouper, d'un côté, les ouvriers dans u
esprit d'hostilité contre les patrons, et le
patrons dans un esprit de défiance contr
les ouvriers.

Ce que nous voulons, nous, ce sont le
associations où les patrons et les ouvrier
forment une même famille, sans empêche
personne de conserver à cet égard son en
tière liberté. Dans les pays étrangers, à l
demande des ouvriers et des patrons, le
corporations se sont reconstituées.En Autri
che même, on est allé trop loin, les corpo
rations sont obligatoires, et l'orateur donn
à ce propos des détails techniques sur le
corporations autrichiennes.

La reconstitution de l'association est aus
si le désir du monde du travail, de ceux qu
ne veulent pas la guerre et de ceux qu
cherchent la paix. Et nous ne sommes pas
nous qui le désirons aussi, des homme
d'ancien régime. Nous sommes de l'avis d
M. Corbon, un ancien ouvrier, un vieux ré
publicain de 1848, qui disait : « De tous le
systèmes tendant à organiser le travail, ce
lui qui donnerait une existence légale à l
corporation, serait celui qui répondrait l
mieux aux sentiments des ouvriers. »

Il y avait à la Chambre un projet sur le
syndicats ; un député catholique, M. l

comte Albert de Mun, est venu demander l'organisation des syndicats mixtes, permettant de concilier les intérêts communs. Eh bien! la Chambre l'a repoussé.

Ce sera l'honneur des cercles catholiques d'ouvriers d'avoir déployé la bannière sur laquelle sont écrits les mots : *Syndicats mixtes*. Dans ces cercles, la question est à l'ordre du jour depuis longtemps, on y étudie la corporation ; et par là, nous voulons désigner des associations libres, conformément à la définition de M. le comte de Mun dans son discours de Nantes : « Le régime corporatif, c'est à-dire l'association commune des patrons et des ouvriers, formée par des liens religieux, professionnels et économiques, et fondés sur la communauté des sentiments et des intérêts : Association qui rapproche et fait tomber les défiances, qui développe l'esprit de solidarité et préserve de la tyrannie des meneurs et des menaces de l'embauchage, qui ouvre enfin les chemins de l'aisance et assure le lendemain. »

Ce qui peut caractériser toutes les associations, c'est le lien professionnel, le lien économique, c'est-à-dire un conseil corporatif, composé de patrons et d'ouvriers et, s'il est possible, de membres d'honneur ;

Et un patrimoine corporatif alimenté par

des cotisations, par des bénéfices, par des dons volontaires, qui seraient la propriété indivise et inaliénable de la corporation. Ce patrimoine serait administré par un conseil commun de patrons et d'ouvriers, qui serait en même temps un arbitre de pacification en cas de dissentiment, et ne ressemblerait pas à ces syndicats qui se concertent pour faire la guerre et examinent leurs différends au fort de la bataille.

Voilà nos idées générales.

Elles ont déjà reçu leur application à Nantes, où fonctionne une association de 500 à 600 personnes et dans d'autres villes.

Je vous demande, Messieurs, de mûrir ces idées, de chercher si l'on peut mieux faire. Et surtout efforçons-nous d'améliorer sans détruire, de faire disparaître le malaise social sans détruire la société, de rétablir l'idée chrétienne par la persuasion, de rappeler leurs devoirs réciproques aux patrons et aux ouvriers, de faire succéder à la division, l'union; à l'antagonisme, la bonne entente.

Cette tâche énorme ne peut pas être accomplie en un seul jour, mais ne nous décourageons pas. Rappelons-nous cette parole du Maître : « Ne soyez pas inquiets du lendemain. Le jour de demain en effet sera inquiet pour lui-même. A chaque jour suffit sa peine. »

Il y a des sceptiques qui viennent vous dire : « Vous parlez de France chrétienne !... Mais elle est morte, son cerveau ne pense plus, ses extrémités sont froides. Il faut appeler le fossoyeur, le XXe siècle l'enterrera. »

Mais nous, nous répondons : Non, la France chrétienne n'est pas morte. A certains jours, le grand peuple de France, quand il se réveille, a d'admirables élans de générosité, de foi et d'enthousiasme, et le sang qui fait battre son cœur est toujours le sang du Christ. Aussi, nous l'aimons, nous autres catholiques, sans jamais le flatter, sans ambition personnelle, nous entendons le secourir et nous dévouer à ses vrais intérêts.

Nous appelons à nous tous les hommes de bonne volonté, tous les sincères amis de la patrie, pour le défendre contre ceux qui le trompent afin de le perdre, pour l'aider à s'élever dans la lumière, dans la paix et la sécurité du lendemain. Et nous croyons servir ainsi deux grandes causes, que nous ne trahirons jamais : la cause de Dieu et celle de la Patrie.

(Une quadruple salve d'applaudissements

couvre la magnifique péroraison de l'orateur.)

La réplique
insultes au bureau.

Il est six heures et demie. Le président prie l'interrupteur du commencement de la séance de vouloir monter à la tribune, s'il persiste dans l'intention de prendre la parole.

L'interrupteur s'avance avec un dossier préparé d'avance. Il se campe sur la tribune et commence d'un air résolu un petit thème appris par cœur, mais absolument étranger à la discussion.

Ce petit jeune homme avait demandé d'abord à répondre aux attaques de « M. le magistrat » contre la République. Il oublie son sujet, reproche simplement à M. de Warenghien d'avoir attendu sa révocation (???) au lieu de s'en être allé de lui même, et se lance à corps perdu dans les clichés républicains.

«Vous parlez, dit-il, de votre dévouement à la classe ouvrière ; nous le connaissons votre dévouement... Vous nous avez accusés d'être des anarchistes et des révolutionnaires. Nous ne sommes ni des anarchistes, ni des révolutionnaires ; nous sommes des républicains. » (Bravos au fond de la salle.)

Après ces affirmations banales, interrompues à chaque instant par l'assemblée, l'interrupteur se tourne vers le président et empoigne l'*Union générale*, prétendant que M. de Warenghien est l'ami du fondateur de cette institution financière. (Ahurissement du président. Rires de tout l'auditoire.)

... Et le marquis de Carbonnel d'Hierville. Ah ! parlons-en donc du marquis de Carbonnel d'Hierville !...

— A la question, à la question ! crie-t-on de toutes parts.

Au pied de la tribune un assistant s'écrie : Et la politique des poches nettes ? Lisez donc l'article de M. Rochefort sur les pots-de-vin de M. Paul Bert ?... Et la Banque de Lyon et Loire ?...

Pendant ce temps, notre ami Etienne de Resnes verse tranquillement un verre d'eau à l'orateur. Le public, témoin de la scène, part d'un immense éclat de rire.

L'orateur n'a pas saisi le mouvement, il croit qu'on se moque de lui, et, se tournant vers le président, d'un air digne, il débite cette phrase à la Berryer : « Vous pouvez ajouter l'ironie à l'outrage, Monsieur le magistrat, vous ne m'imposerez pas silence. »

L'auditoire, malheureusement interrompt le malheureux, qui serait si drôle à entendre, si on le laissait *causer*, comme il dit.

«De grâce, laissez causer l'orateur, s'écrie le président.»

Mais les clameurs redoublent.

Le petit jeune homme empoigne les associations professionnelles qui, selon lui, abêtissent l'homme ; proteste contre les idées de Louise Michel, justifie les violences de Montceau-les-Mines, prétend que c'est M. Chagot qui a commencé, en voulant forcer ses ouvriers à « des choses épouvantables», affirme que les communards descendus de Belleville, au mois de mars dernier, ont été soudoyés par un rédacteur du *Clairon*.

Ce commencement de harangue forme une confusion, un chaos d'idées indescriptible.

De la salle, on crie à l'interrupteur : — A la question ! Répondez donc à l'orateur ! Parlez un peu de la question ouvrière !

Le malheureux est ahuri. Voulant entrer enfin dans le sujet, il reproche à M. Thellier de Poncheville — qui n'en a pas dit un traître mot — d'avoir parlé de communion et de confession auxquelles notre but serait de forcer les ouvriers.

Protestations énergiques de l'auditoire. Un certain nombre de républicains, écœurés, sortent de la salle. Un tohu-bohu s'en suit. Le commissaire central vient se placer au milieu de l'assistance.

L'interrupteur, continuant, s'attaque aux Freppel, aux Dupanloup, aux Maret et à M. P. de Cassagnac On l'interrompt. Il s'écrie :
— Vous n'aimez pas entendre la vérité, et vous essayez de couvrir ma voix comme M. Baudry-d'Asson, en imitant les cris des cochons (*sic*) et des chiens.

A ce moment, le président se lève: «Après les expressions dont vient de se servir l'orateur, il est de mon devoir de consulter l'assemblée sur le point de savoir si elle entend que la parole lui soit maintenue ou retirée. »

L'assemblée enlève la parole à l'orateur qui descend de la tribune sur cette parole :
« Vous êtes des lâches, et vous vous conduisez dans vos réunions publiques comme vous vous êtes conduits pendant la guerre.»

M. Thellier de Poncheville bondit à la tribune. — Où étiez-vous donc, vous, Monsieur pendant la guerre?
— J'avais quatorze ans, je n'étais pas au service. — (Murmure général.)

M. Thellier de Poncheville reprend : « Je n'ai pas à dire ici comment chacun de nous a fait son devoir devant l'ennemi, mais je tiens à répondre à l'infamie qui vient de nous être lancée, en vous apprenant, Messieurs, que l'un des lâches désignés par l'orateur est un des survivants de Reischoffen. »

Et, d'un geste superbe, il désigne M. le vicomte de Bizemont, assesseur.

L'assemblée éclate en applaudissements enthousiastes et l'interrupteur se perd dans la foule.

Une manœuvre.

Ne sachant plus quelle tête faire, un républicain que l'on nous dit être le secrétaire du commissaire de police, crie: *Vive la République !* s'attendant probablement à une manifestation en sens inverse. Le policier en est pour sa manœuvre. On répond : Vive la France !

Discours de clôture.

Le président demande à trois reprises

si quelqu'un veut répliquer à M. Thellier de Poncheville, il prend acte du silence général et s'écrie :

«Celui qui tout à l'heure m'a reproché d'avoir attendu ma révocation ne me connaît pas. En 1880, quand il s'est agi d'expulser les Carmes de Saint-Omer, j'ai donné ma démission pour ne pas participer à ces attentats. Oui, je le répète, je suis heureux d'être ici chez des expulsés, car ces voûtes, jadis consacrées à la prière, me rappellent l'acte qui sera l'honneur de ma courte carrière de magistrat et de ma vie tout entière; j'espère, Dieu aidant, qu'à cette grande cause de la liberté religieuse, je pourrai consacrer encore et ma parole et toutes les forces dont je puis disposer.

« Et maintenant, pour clore cette discussion, je constate que le champion de la ligue Saint-Martin avait offert le combat, à quiconque voudrait l'accepter, sur le terrain de la question qui menace de transformer en champ de bataille et la fabrique et l'atelier.

« Au seul orateur qui se soit présenté, l'assemblée a retiré la parole.

« Eh bien ! nous nous souviendrons que nous, conservateurs catholiques, nous consacrons nos forces à la solution de la question ouvrière.

« Nous avons trouvé un remède à vos souffrances. C'est l'association professionnelle, et l'accord de l'ouvrier et du patron moyennant des droits et des devoirs réciproques.

« Mais nous ne sommes pas encore maîtres de faire le bien que nous projetons. Ne désespérons point pourtant. Un jour viendra où nous serons libres d'appliquer ces réformes. Elles auront gagné à avoir été mûries loin du pouvoir et à avoir subi le creuset de la discussion.

« Comme le disait mon confrère, dans un magnifique langage, il ne faut pas désespérer : la vieille France n'est pas morte, son cœur bat encore, un sang généreux coule toujours dans ses veines ; la pelletée de terre du fossoyeur n'est pas prête pour elle ; aussi je salue avec confiance l'avenir de la classe ouvrière, sa dignité accrue, sa sécurité protégée, le monde du travail pacifié. Oui, je salue l'aurore de la France régénérée, reprenant son ancienne place à la tête des nations et du progrès. »—(Applaudissements redoublés.)

La séance est levée sur cette chaude et pathétique allocution.

Arras, Imp. du *Pas-de-Calais*, P.-M. LAROCHE, directeur.